푸른사상
시선

16

봄에 덧나다

조혜영 시집

푸른사상 시선 16

봄에 덧나다

1판 1쇄 2012년 4월 30일 | 1판 2쇄 2012년 9월 25일

지은이 · 조혜영
펴낸이 · 한봉숙
펴낸곳 · 푸른사상사
주간 · 맹문재 | 편집 · 김재호 | 마케팅 · 박강태

등록　제2-2876호
주소　서울시 중구 초동 42번지 아시아미디어타워 502호
대표전화　02) 2268-8706~7 | 팩시밀리 02) 2268-8708
메일　prun21c@yahoo.co.kr / prun21c@hanmail.net
홈페이지　www.prun21c.com

ⓒ 조혜영, 2012

ISBN 978-89-5640-911-5 03810
ISBN 978-89-5640-765-4 04810 (세트)

값 8,000원

☞ 저자와의 합의에 의해 인지는 생략합니다.
　e-CIP 홈페이지(http://www.nl.go.kr/cip.php)에서 이용하실 수 있습니다.
　(CIP제어번호 : CIP2012001832)

이 책은 한국도서관협회가 선정한 우수문학도서로 기획재정부복권위원회의
복권기금을 지원받아 무료로 제공합니다. (참조 : www.for-munhak.or.kr)

봄에 덧나다

| 시인의 말 |

　4년 가까이 우울증에 걸려 힘든 세월을 보냈다. 왜 정신병을 앓았느냐고 물어본다면 대답할 길이 없지만, 그 복잡한 실타래를 어찌 말로 표현할 수 있으랴. 정신병원에서 나보다 훨씬 마음 아픈 사람들을 만나고 부대끼면서 나는 긴 세월 앓아온 우울의 늪을 빠져나올 수 있었다.

　어느 날 부평 지엠대우 천막농성장에 시 몇 편 들고 찾아간 적이 있었다. 시 강좌라고는 했지만 온전치 못한 나의 삶이 부끄럽고 두려움투성이었는데, 공장에서 쫓겨나 오랜 세월 천막을 지키고 있는 그 동지들이 바닥으로 가라앉아 있던 나에게 감정의 불씨를 지펴주었다. 긴 겨울 그들과 함께 농성장에 있는 동안 잃어버렸던 나의 시와 삶이 되살아났다.

　내가 다시 일어서서 현장을 찾고 사람들을 만나고 노동을 하며 웃을 수 있는 힘을 준 것은 정신병원에서 만난 사람들과 지엠대우 동지들이다. 그들한테 고마움을 전한다.

　새벽에 일어나 급하게 한 술 뜨고 출근하여 현장에서 일하다 지친 몸을 이끌고 퇴근해 모임이나 집회에 가거나 어두운 거리를 헤매다가 집으로 돌아온다. 나의 시는 이와 같은 일상을 담았다.

 언젠가 누군가 내게 물었다. 시를 왜 쓰냐고? 시 써서 뭐 할 거냐고?
 나는 대답하지 못했다. 가슴이 먹먹하고 아렸다.
 돈을 왜 버냐고? 밥을 왜 먹냐고? 물었더라면 편했을 것을…….

 시는 나에게 매일 매일의 노동이다. 그래서 아무것이 아닐 수 없다.

2012년 4월
조혜영

| 차례 |

■ 시인의 말

제1부 술을 마시는 이유

13　　가시
14　　주정
15　　봄에 덧나다
16　　낡은 구두
18　　겨울이 간다
19　　술을 마시는 이유
20　　수술대 위에서
22　　남은 사람들
24　　청둥오리
25　　낡은 포구에서
26　　부표
28　　갯바위에 앉아

| 봄에 덧나다 |

제2부 저녁밥

31 독종
32 염
34 다시 제삿날에
36 시작은 어머니
37 안면
38 풍경
40 교동도에서 1
42 교동도에서 2
44 교동도에서 3
45 교동도에서 4
46 교동도에서 5
47 목침
48 복날
49 노인 일자리 창출에 대하여
50 시가 안 써지는 날
52 쌀

| 차례 |

54 옷 수선 가게
56 구제역, 그리고, 소
59 먹잇감
60 저녁밥
62 가면을 벗겨라

| 봄에 덧나다 |

제3부　바람을 느끼는 사내

67	정신병동 이야기 1
68	정신병동 이야기 2
69	정신병동 이야기 3
70	정신병동 이야기 4
72	정신병동 이야기 5
73	정신병동 이야기 6
74	정신병동 이야기 7
75	정신병동 이야기 8
76	정신병동 이야기 9
77	정신병동 이야기 10
78	정신병동 이야기 11
79	정신병동 이야기 12
80	정신병동 이야기 13
81	정신병동 이야기 14
82	정신병동 이야기 15
83	정신병동 이야기 16
84	정신병동 이야기 17

| 차례 |

85	정신병동 이야기 18
87	정신병동 이야기 19
88	정신병동 이야기 20
89	정신병동 이야기 21
91	정신병동 이야기 22
92	정신병동 이야기 23
93	정신병동 이야기 24
94	정신병동 이야기 25
96	정신병동 이야기 26
97	정신병동 이야기 27
98	정신병동 이야기 28
100	정신병동 이야기 29
101	정신병동 이야기 30
103	정신병동 이야기 31
104	정신병동 이야기 32
106	발문 길에서 만나는 사람 – 김성만

제1부
술을 마시는 이유

가시

마음에 가시가 돋치고
그 가시가 생살을 뚫고 다시 돋치면
가시는 그 사람의 자긍심이고
자존심이다

그런,
가시가 없는 사람은 만나도 어지럽다

그런,
가시가 없는 사람은
눈빛도 망연하여 덥석 맘을 부렸다간
다치기 십상이다
손속도 느리고 거치적거리기도 하고
흰수작도 잘 떨어 세상을 논하기 어렵다

주정

사람들아
술집에 가서 술 마실 때
마른안주는 절대 먹지 마라
말라비틀어진 것에는
분명 사연이 깊다
차라리 사람을 씹어라
씹거들랑 삼켜라
내뱉어 다시 씹지 말고

봄에 덧나다

아무 생각 없이 봄볕에 쪼그리고 앉아
푸성귀 다듬는데
난데없이 산꿩이 짖는다
가슴이 데인 듯 아프다
언제 적 놀란 가슴이었던가
지하실에 갇혀
각목 날아들며 살 터지던 소린가
술 냄새 풍기며 젖꼭지 건드리던
그 비릿한 웃음소리인가

난데없이 짖어대는 꿩! 꿩! 소리에
새가슴이 되어 철렁 내려앉는다
이십 년도 더 지난 일이건만

이 시린 상처는
죽어야 낫는가

낡은 구두

어느 젊은 소설가의 책 중간 부분에
시장 골목 지나 허름한 삼류극장에
노동자인 듯한 남자들이 우르르 들어갔다고 쓰여 있다

그들은 낡은 구두와 콜타르를 칠해 놓은 듯
구릿빛 얼굴들이었다고 적혀 있다

한낮에 우르르 극장으로 몰려갈
한가한 사람들은 있을 수 있겠으나
낡은 구두와 구릿빛 얼굴의 노동자는
좀처럼 삼류극장에 들어갈 수 없다는 생각이
나도 모르게 들었다

헛것을 보고도 당당해질 수 있는 용기가
소설가이기 때문이라는 의심이 갑자기 일었다

소설 써서 밥 먹기 어려운 시대에
기자도 아닌 1982년생인 이 여성 소설가는

억겁은 살아봐야 소설을 써서
따순 밥 먹을 수 있을 거라는
심한 말이 나도 모르게 나왔다

겨울이 간다

눈 내린다
용서받고 싶은 일들이
한꺼번에 눈처럼 쌓인다
내가 용서를 빌기도 전에
눈 속에 묻힌다
용서를 빌고 싶었던 용기도
다 눈 속에 묻혀 사라져 버린다

이렇게 한 해가 훌쩍 가 버린다

술을 마시는 이유

술 마시면 얼굴이 빨개지는 것은
숨어 있는 상처가 드러나기 때문이다
그래서 상처가 있는 사람들은 술을 마신다

상처가 아물지 않은 사람들은
하루도 빠짐없이 술을 마시며
온몸을 붉게 물들인다
기를 쓰고 그늘을 걷어낸다

내 주변에 그런 사람 너무 흔하다

무슨 일이 있어도
오늘은 그대 앞에서 독한
술 한 잔 하고 싶다
상처뿐인 흔적을
몽땅 붉은 반점으로 피워 보겠다
술기운 빌려
아픈 과거를 까발려 보겠다

수술대 위에서

이번이 마지막이겠지
살아 여덟 번째 수술대에 오른다

수술을 하기 직전
수술대에 올라 전신마취를 한다
찰나의 순간에 죽음을 생각한다
살아보겠다는 수술이고 보면
어쨌거나 살고자 이 악물어야 하는데

다시 살아갈 수 있을까
남편도 새끼들도 잠들면 그만이고
사랑도 역마살도 모두
깨어나는 순간부터 고통인 것을

의지도 신념도
마취에서 깨어나면 다 부질없고
그저 아플 뿐이다

앞으로 살아갈 일들이 아플 뿐이다
이대로 영영 깨어나지 않아도 좋겠다
수술대에 오르는 지금 당장은

남은 사람들

다들 눈을 감고 회의를 한다
과로와 피곤을 눈가에 묻힌 채
다시 노동문학운동의 나아갈 길에 대해
토론을 한다

무언가에 자신을 걸기엔
두려운 나이가 돼버린 무거운 어깨들이
깊은 한숨과 먹먹한 가슴으로
가끔씩 젊은 세대의 부진을 탓한다

세상살이의 변절과 야합을
개탄하는 부류에도 끼지 못하고
불뚝거리는 주먹도 목청도 없으니
문학이 변혁의 무기라고
이제는 아무도 말하지 않는다
그저 말을 아끼며 눈빛만
오갈 뿐
거역할 수 없었던 한순간의 명징으로

남은 가슴들끼리 가슴으로
생을 밀고 가잔다
세상이 이토록 가볍고 버거울 때는
오는 듯 가는 듯 때론 물 흐르듯
냇가의 작은 돌멩이 되어 가보잔다
물길에 젖어도 보고 때론 거슬러 올라가 보고
꺼지지 않는 열정만이 삶의 무기라며

청둥오리

자폐증을 심하게 앓고 있는 청둥오리
수천의 무리 속을 따라가지 못하고
딴 길로 샌다
자꾸만 자꾸만 엇박자로 난다
얼마나 황홀할까?
그놈의 날갯짓에
눈시울이 다 뜨거워진다

그러나 그놈은 아직
청둥오리다

낡은 포구에서

삶과 죽음이 온전하지 못해서
발언권도 없는 생선들이
포구 양지바른 뚝방 그물 위에 누워
해바라기를 한다
각이 떠지거나 더러
아가미까지 벌려져
포구 이곳저곳 즐비하다
목젖까지 올라오는 생목 같은 밥벌이에
짓눌리다 드러누운 날
낡은 포구에 가보니
삐딱거리는 나의 삶이 자주 무안해진다
무안함을 무릅쓰고 버티기란
결코 쉽지 않은 일이다

부표

파도에 흔들리며 때론 곤두박질치며
나는 바다 한가운데 서서
아스라이 파도를 견딘다

무심한 배들은 뭍으로 뱃길을 돌리고
두 번 다시 오지 않겠다며
앙칼지게 떠나간 그대처럼
등 돌리고 돌아서던 당신처럼
당신과 나의 거리처럼
배들은 멀어져 간다

바닷속을 가늠할 수는 없지만
숨넘어갈 만큼의 안간힘으로
부표를 곧추세운다
거센 풍랑을 견디며
쓰러졌다 일어서고 쓰러졌다 일어서고
바다에 온몸을 맡긴 채
쓰디쓴 세월을 견딘다

바다 한가운데 서서

황혼의 부표가 되어간다

떠나간 그대가 홀연히 돌아올 때까지

갯바위에 앉아

갯바위에 앉아
소주를 마신다
몇 잔을 마시고 또 마시고
나는 취기에 다시 취하고
술은 자꾸만 나를 바다로
바다로 내몬다

갯바람과 파도로
빈 병을 다시 채우고
빈 병을 다시 배낭에 짊어지고
일어선다

밀물의 무게에
햇빛은 너무 선연하고
나는 비틀대며
무딘 날을 세워본다

제2부
저녁밥

독종

툭하면
날더러 독종이라 한다

이 세상 부모 가슴에
못 박은 자식은
죄다 독종이다

염

다 발라먹은 생선 가시처럼 누워서
곱게 분을 바르고 저승길 준비하던 엄마

미처 다물어지지 않는 입에서
금방이라도 내 이름을 부르거나
밥을 찾거나 마당에 늘어놓은 나락 걱정 소리
들릴 듯한데,

자꾸만 벌어지는 엄마의 입이
무서웠어요

몇몇 자식은 오열하다 까무러치고
곡소리가 커야 니 에미 천당 간다며
틈만 나면 바닥을 치며 곡을 하던
막내 고모도 끝내 오열하고

한 겹 한 겹 수의에 싸여
다 발라먹은 생선 가시에 살이 오르고

자식들 불효까지 꽁꽁 여민 관 속에 누우신
울 엄마

자꾸만 벌어지던 입
끝내 다무셨을까

다시 제삿날에

일밖에 할 줄 아는 게 없다고
빚내러 가실 때마다
무식한 년 입에 달고 사시던 아버지
저승 가셔서 맞은 엄마
아직도 무식하든가요?

손톱 밑 거스러미 이빨로 물어뜯으며
귀신 물어갈 인사 입에 달고 사시던 어머니
아버지 좇아 저승 가시니 여전히
패악질 심하든가요?

가슴 미어지던 곡도 한도
세월이 삼켜버렸는지
무덤에 솟은 잔디가 너무 푸르른 건지
먹고 사느라 다들 맘 같지 않은 건지
생침 몇 번 목구멍 속으로 넘긴다

대죽처럼 뻗은 명아주 가득한 밭

거기라도 가 봐야지

빈 발길질이라도 해서

먼지라도 풀풀 늘려 봐야지

시작은어머니

어쩌다 닭똥이 묻은 계란을 볼 때면
춘천에서 닭갈비만 삼십 년 넘게 각을 뜨는
시작은어머니 생각난다

명절 때면 눈코 뜰 새 없이 바빠
얼굴빛이 다 타들어 가도록
닭을 치댄다

부모가 부지런하면 자손들이야
당연히 제대로지 싶은데
시사촌들 제각각 속을 끓이고
두 번째 얻은 맏며느리마저 집을 나가
에미 잃은 손자 손잡고 시댁에 와서
닭 모이 쪼듯
애절한 사연 풀어 놓는다

안면

재래시장에 가면
물건을 사는 것보다
사람 하나 만나는 게 더 보람되다
오늘은 완두콩 푸성귀 모아 놓고
컵라면 쪽
빨아 넘기던 할머니를
덤까지 얹어 이천 원에 샀지
맘까지 몰래 훔쳐왔지

풍경

퇴근 무렵 마을회관에서
동네 노인들 우르르 나와
나처럼 집으로 퇴근을 한다

누구는 낡은 유모차에 몸을 맡기고
누구는 흔들리는 지팡이를 짚고
누구는 다리를 심하게 절며
개울가를 지나 낮은 언덕을 넘어
집으로 간다

종일 마을회관에 모여 국수도 말고
부침개도 부치고 10원짜리 민화투도 치고
도회지에서 잘나가는
남의 집 자식 자랑도 나누다가
어두운 저녁밥 홀로 먹으러
절름발이 걸음으로 집으로 간다

찬밥에 물 말아

묵은 김치 쪼가리 하나 얹어
밥 한 술 떠넘기러
콘크리트 바닥을

코흘리개처럼 간다

교동도에서 1
― 망향단

숱한 날을
술주정과 패악질로 살던
아버지를 땅에 묻고
그 아버지를 향해
수없이 주먹총질한 유년도 묻고
도망치듯 고향을 떠났다는
연백이 고향인 이창호 할아버지와
망향단 꼭대기에 올라가
북녘 땅을 바라봅니다

지척에 훤히 보이는
바다 건너 저편 집들 보이지
저 동네가 우리 집이야
철길 건너 모퉁이 돌아서 두 번째 집

저녁밥 짓는 연기 가물가물
바람에 실려오는 듯
한달음에 달려가면

오메 내 새끼 오메 내 새끼
저 어디메쯤이 아바이 무덤이라며
침침한 눈을 자구 비벼댑니다

교동도에서 2
— 인간문화재

인간문화재 90호인 이창호* 할아버지는
올해 여든인데
가으내 바쁘다
15년 전 MBC라디오 우리 소리를 찾아서
PD가 녹음한 빛바랜 카세트테잎 한 개 남겨 놓고
가을걷이 콩밭 일에 바쁘다

절절하게 부르셨던 수많은 노래가락은
아무도 일하면서 부르지 않고
할아버지가 자랑삼는 들노래 소리조차
숨이 차올라 부를 수 없다

노래가 사라진 교동도 너른 들판은
콤바인 소리에 묻혀
탈곡 소리만 요란하다

가을걷이가 끝난 교동도엔

밤마다 술집이

낮보다 환하다

* 이창호: 황해도 평산소놀음굿 기능보유자

교동도에서 3
― 까치

아침마다 까치가 울어도
반가운 이 하나 오지 않는 섬에서
까치처럼 내가 운다

오늘도 상수리나무 끝에 매달려
내가 운다

그리워 운다

교동도에서 4
― 이진규

온몸이 긁어 부스럼으로
아토피를 앓는 진규가
인천에서 섬으로 전학왔다
엄마하고 이혼하고 막노동으로 각처를 떠도는
아빠와 살 수 없어
시골 할머니 집으로 왔다는
너무도 흔한 사연을 가방에 짊어지고

밥다운 밥상 한번 제대로 받아봤을까

점심밥을 먹다가
북북 얼굴을 긁는 진규에게
고봉밥에 김치를 얹어 주며
아토피에 좋은 음식 이야기를 해준다

엄마보다
가려운 피부가
당장은 참을 수 없는 아픔이다
진규에겐

교동도에서 5
— 섬에서 살다보면

지금도 가리봉 언저리를 떠나지 못하고
안주도 없이 밥도 없이
술 한 잔 하는 벗들이 있지

섬에서 살다보면
푸짐한 술상에 앉아 술잔을 돌리고
제때 따스한 밥 입에 넣기가
부끄러울 때가 있다

오늘이 그날이다

목침

싸리 울타리 걷어내고
소나무 깎아 나무대문
달던 날
아버지는 목침을 하나
다듬으셨다
송진내 가득한

새마을운동이 한창일 때
초가지붕이 걷어지고
함석지붕으로 바뀔 때
지붕 속에서 구렁이가 나오기도 했다

아버지 돌아가신 지 서너 해
아버지 머릿기름과 온갖 병균이 어우러져
군데군데 아버지 결이 살아 움직인다
엄마가 끔찍이도 싫어하던

끙! 앓던 소리와 함께

복날

퇴근 길
더위에 지친 식구들 생각하며
시장을 몇 바퀴 둘러보아도
마뜩한 것 없네
마음은 천근이고
정육점, 닭집, 흑염소탕, 개소주집 지나치다
소같이 일하다 지친 남편과
버짐꽃 핀 아이들 생각하며
빙빙 돌고 또 돌아보다가

마른 여물 몇 단 사고
풋콩깍지 한 단
간고등어 한 손 사서
급히 언덕길 오른다

시장 모퉁이에 놓고 온
지지리 못난 이 청승

노인 일자리 창출에 대하여

노인복지회관에서 급식도우미
할머니 두 분이 오셨다
노인 일자리 창출과
일자리 나누기 사업의 일환이라며
칠십육 세 할머니들이
그 험하다는 식당일을 하러 오셨다

골다공증과 퇴행성 관절염을
숨기듯 다리를 전다
허리도 반듯하게 펴지지 않아
구부정하게 벽에 기대
아이들 밥 먹는 모습
물끄러미 바라본다

일주일에 3일 4시간 일하고
한 달 20만 원 받아
6개월짜리 도우미 되어
언덕길을 쉬었다 걸었다 하며
내려가신다

시가 안 써지는 날

무슨 일이든 한 10년 하면
기능공이라는데,
스무살 적 봉제공장 시다로 일할 때
A급 미싱사 언니들이 그랬고
머리카락보다 더 가느다란 쇠에
구멍을 몇십 개씩 뚫었다는 금형공
남편이 그랬다

근 10년 급식실에서 조리를 하는 나는
칼날이 안 보이도록 칼질을 하고
저울보다 정확한 눈대중과
수십 가지 요리를 거침없이 해내고
수백 명의 아이들 이름을 외우고
저마다의 식성도 정확히 기억한다
내 기술도 이쯤이면 기능공 못지않다

허나
20여 년 넘게 시를 써온 기능은 좀처럼 늘지 않는다

푸대접했다
노동시를 쓰겠다며 겁 없이 덤빈 용기만 믿고
문학이나 예술인 노동인 사람들에겐
참으로 인색한 잣대를 들이밀었다

무슨 일이든 10년의 길을 걸으면
기능공이다
문학도 노동이라 그도 10년 넘게 하면
그 기능 또한 인정해야 됨을
남들이 꺼리는 노동문학 하는 사람들
그들이 바로 노동문학 기능공이라는 사실을
이제야 깨닫는다

쌀

올 봄
작은 아이 학교 운동회에 가서
쌀 한 포대 상으로 받았다
가장 열심히 뛴
학부모에게 주는 상품이
쌀이라니!

쌀 한 포대 거뜬하게 메고
돌아오는 길 가슴이 벅차다

오마이뉴스 마라톤 대회에서
기념품으로 쌀 한 포대 받았다
죽을 둥 살 둥 달리고 보니
쌀이 내 눈앞에
버티고 있다

올해는 봄부터 쌀 운이 텄다
내 기운을 다해 달리고 뛰고

있는 기력 다해 힘을 보태니
쌀이 굴러들어 온다
쌀이 돈보다
값지고 기분 좋은 건
쌀이기 때문이다
쌀은 곧 밥이 되지 않더냐
사람들이 기를 쓰고 일하는 것은
결국 밥을 얻기 위해
제 몸 아끼지 않고 놀리는 것
기를 쓰고 덤볐더니
용케도 쌀이 내게로 굴러 들어온다
아직 들판엔 모내기도 안했는데

오! 쌀이라!

옷 수선 가게

동인천 인현동 지하상가
한 평 남짓 크기의 옷 수선 가게
여기 저기 간간이 들리는
미싱 소리 듣고 있자니
내 어릴 적 다닌 봉제공장이
떠오른다

라인을 타고
드르륵 드르륵 돌아가던 미싱 소리
아! 그때 난
시골에서 갓 올라온 시다였지
너무도 무섭기만 하던 A급 미싱사 언니
자상하고 수더분하던 미싱사 아줌마들
그들이 지금
동인천 인현동 지하상가
비좁은 옷 수선 가게에서
저마다 알 굵은 돋보기를 쓰고
옷 수선을 한다

미싱을 돌리고

오버로크를 치고

다리미질을 하고

쪽가위로 실밥도 따면서

구제역, 그리고, 소

포크레인 삽날로
구덩이를 깊게 파고
여러 겹의 방수비닐을 깔면
우사에 즐비해 있던 소들은
병아리 몰리듯 나래비로 구덩이 앞에 선다
어쩔 수 없어 뒷걸음쳐 보다
구덩이 앞에 멈추면
그 순간 소들은 안다
매립과 매장의 순간을

맨 앞의 소,
포크레인 바가지로
소대가리 툭 치면
쿵 구덩이 속으로 떨어지고
그 다음 소,
뒷걸음치다 밀려
구덩이 앞에 서면
다시 포크레인 바가지에

대가리 맞고
헉, 구덩이 속으로 떨어지고
그 다음 소,
포크레인 바가지로 대가리를
툭 치면
먼저 떨어진 소 내장에 얼굴을 묻고
그 다음 소,
포크레인 바가지로 대가리를
툭 치면
해골이 깨지고 사지가 부러지고…….

포크레인 바가지
소 대가리
포크레인 바가지
소 대가리
대가리
대가리 아! 소 대가리!

대낮보다 환한 전등을 밝혀놓고
새벽 동트기까지 수백 마리의 소들은
깨끗하게 매장이 되고
포크레인 기사들 군데군데 모여
그놈의 소눈깔이 생각나
새벽부터 쓴 소주를 마신다

먹잇감

어떤 곤충은 자신의 먹잇감을 얻기 위해
독을 쏘아 곤충을 잡아먹는다는데
대한민국의 경찰은
먹잇감을 생으로 다 챙겨먹고도
생존을 위해 몸부림치는 노동자를 향해
최루액과 물대포를 쏘아대는구나

어떤 동물은 먹잇감을 위해
뒤로 쫓아가거나 숨어 있다가
덮치거나 여의치 않으면 물러선다는데
대낮 광장에서 떼거리로 몰려들어
먹잇감을 노리는 이 나라의 경찰들
모든 노동자들이 먹잇감으로 보이는가
철저하게 먹잇감을 노리는 맹수처럼
한 치도 물러서질 않는구나

배가 불러 터져도

저녁밥

저녁밥을 GM대우 정문
고공 아치로 올리는 시간
동지들 이름을 불러도 대답이 없다
한 번, 두 번, 세 번……
다시 불러도 아무런 기척이 없다
이준삼! 이준삼! 호인아! 호인아!
아! 순간 눈앞이 캄캄하다

아무도 가까이 갈 수 없는 높이
안부가 궁금해도
누구 하나 문을 두드릴 수 없는
아득한 거리
10미터의 거리가
생과 사의 거리다

온기 하나 없는 철탑에서
한참 후에 밥줄이 보인다
밥줄이 비척대며 내려온다

아! 살아 있었구나

동지들!
찬밥이지만 뜨신 밥 먹듯이 먹어다오
꾹꾹 어금니로 곱씹고 곱씹어
다시 되새김질하여 먹어다오

동지여!
밥 한 톨 남기지 말고
꾹꾹 위장을 채워다오
눈물의 밥이 분노의 밥이
투쟁의 밥으로
승리의 밥으로 차오를 때까지

아침은 분명 동지들이 서 있는
그 고공에서부터 밝아 오리니

가면을 벗겨라

글로벌 리더 GM대우가
비정규직 노동자들이 내건 현수막에
가려져 있다
아니, 도적놈처럼 숨어 있다
금방이라도 밖으로 튀어나와
다시 노동자들의 밥줄을
걷어치울 것만 같다

밧줄을 더욱 세게 당겨라!

거리 곳곳에 걸려 있는 수많은 현수막이
세찬 겨울바람에 엉엉 소리 내어 운다
마치 고공에서 외치는 동지들의 구호처럼

밧줄을 더욱 세차게 동여매라!
사방팔방 팽팽하게 당겨 묶어라!

글로벌 리더 GM대우가

먼발치에서 웃고 있다
동면에 들어간 들짐승처럼
꽁꽁 숨어 겨울잠을 자고 있다

그러나 우리는 봄을 기다릴 수 없다
봄이 오기 전에 저들의
곤한 겨울잠을 깨워야 한다

망치로 오함마로 두들겨서
그들만의 토굴을 부숴야 한다
현수막 뒤에 가려져 웃고 있는
그들의 가면을 벗겨내야 한다

제3부
바람을 느끼는 사내

정신병동 이야기 1

한 움큼의 신경안정제와
또 몇 알의 수면제를 섞어서
빠르게 목구멍어 넘긴다

빠르게 냉큼 쑤셔 넣으면
나는 우울하지 않게 되고
우울하지 않은 사람이 될 수 있다
오전 내내 나른할 뿐
나른하게 양지바른 담벼락에 기대어
낮잠 한숨 자고 싶다

이게 유혹이다
이 유혹만 이겨낼 수 있다면…….

정신병동 이야기 2

불가에서의 향은 이승과 저승을
이어주는 시간의 끈이라는데
오늘같이 맘이 헝클어지며 아플 때
향을 하나 피워놓고
절이라도 하고 싶다
절이라도 하지 않으면
저 향의 연기가 저승으로 이어져
나를 데려갈 것 같다

악몽에서 깨어나는 순간
이승의 불꽃은
나에게로 향하고 있었다

정신병동 이야기 3

너의 체온을 뺏어와야겠다
하루아침에 배반당한
메마른 나의 심장을 위해

너의 눈물도 뺏어와야겠다
피도 눈물도 없이 떠나버린
너의 그 비현실을 위해

내 눈 내 가슴 속에 알토란같이 묻고
조금씩 조금씩 썩어가게 만들어야겠다
그러면 아마 너는 조금씩 미쳐 가거나
단 한 번에 죽을 것이다

난 지금 나도 모르는
비릿한 웃음을
웃고 있다

정신병동 이야기 4
— 담배

밑동이 아직은 싱싱한 계집애가
다리를 흔들며 담배를 피운다
상당히 방정맞게
대뜸
아줌마 미쳐서 왔지?
싸가지 없이 반말이다
여기 온 지 몇 달째야?
되먹지 못하게 또 반말이다
병원에 들어온 지 하루도 안 지났는데
겁부터 준다
아가씬 여기 왜 들어 왔는데요?
나 아직 학생이거든?
씨발 약물중독 땜에 왔는데
좆같이 담배도 맘대로 못 피게 하냐
하루에 반갑이 뭐냐 반갑이
나 며칠 있으면 나가
아줌마도 여기 오래 있지 마
생사람 병신 만든다니까

제기랄!

제기랄, 제기랄, 제기랄‥‥
욕을 속으로 삼키고
점잖은 아줌마가 되었다

정신병동 이야기 5

보기에도 느리고 뚱뚱하게 생겨서
조용한 사람이라 생각했는데
만나는 사람마다 묻고 또 묻는다
좀전에 물은 얘기 묻고 또 묻는다
날짜를 묻고 다시 묻는다
나만 친절하게 꼬박꼬박 대답한다
너무도 친절하게
자판기 커피 한 잔 뽑아줬더니
고맙다고 참 맛있었다고
사흘째 인사다
요즈음엔 돈가스 짜장 카레를 나한테 아냐고 묻는다
안다고 맛있는 음식이라고 대답하니
돈가스 짜장 카레는 또 아냐고 맛있냐고 묻는다
한 일주일 정도 기억하며 물을 것이다
사람들이 죄다 이 사람을
피하는 이유를 알 것 같지만
이 사람으로 인하여 피곤할지는 몰라도
우울하지는 않을 것만 같다
이 사람이 어쩌면 내 주치의가 될지도 모르겠다

정신병동 이야기 6
― 오! 아줌마

내가 주로 듣던 호칭은
언니, 조리사, 혜영이였는데
대뜸 등 뒤에서 부른다
아줌마!
또 아줌마 부른다
나보다 세 살 더 먹은 자기는 언니란다
병원에서 10년 된 고참이란다
오늘은 아줌마가 되어
세상살이 텁텁한 얘기 늘어놓으며
이름을 물어보니
나 이쁘지? 그런다 (솔직히 예쁘지는 않다)
예쁘게 생긴 것에 자신감이 있는 언니가
10년째 병원에 있다는 사실에
정신이 확 깬다

정신병동 이야기 7
― 수녀님

수녀님은 종일 편지를 쓴다
성경책을 책상삼아
쓰고 담고
주소도 쓰고 우표를 붙이고
애인한테 쉬지 않고 편지를 쓴다

그 애인이 하나님이라니!
오 하나님!

아주 가끔 허공에 눈을 심고
자매님!
부르면 다들 대답한다

나만 빼고

정신병동 이야기 8
— 용돈

정신병원에 들어오면
가방에 들어 있는 소지품 검사를 한다
면도기, 칼, 라이터는 위험 물건이다 손톱깎이도
지갑과 돈은 매점에 맡겨 놓고
쓸 물건이 있으면 매점에 내려가 장부에 기록한다
하루에 쓸 현금은 최고 이천 원 그 이상은 못 쓴다
쓰고 싶어도 믓 쓴다
담배는 하루에 반 갑, 이틀에 한 갑
골초들은 환장할 일이다
커피 두 잔 빵 하나 우유 하나 사면 이백 원 남는다

오늘은 빵 하나 덜 먹고 비상금 챙겨야겠다

정신병동 이야기 9
― 눈동자

병실 난간을 붙잡고 온종일 걷는다
밥 먹는 시간만 빼고
눈 큰 가시나
동공엔 초점 하나 없이 허공만 바라보고
표정도 없다
방정맞고 까부는 녀석들은
자꾸 내 병명을 묻는다

폐쇄 병동에서 반폐쇄 병동으로
반개방 병동에서 개방 병동으로 오는데
개방 병동은 이 병원의 낙원이다
아! 나는 개방 병동이다
뼈가 부러지거나 이빨이 빠지거나
설사 암이어도 당장이라도 대답하련만
정신병원에 입원한 사람들은
단정적으로 병명을 말한다는 게
암보다 더 무서운 절망이다

정신이 너무 아픈 가시내도
암보다 무서운 절망을 앓고 있는 것이다

정신병동 이야기 10
— 일일찻집

개방 병동 사람들이 가장 좋아하는
일일찻집이다
아침부터 분주하게 준비하여
떡볶이팀, 순대 만두팀, 호떡 김밥팀, 각종 차팀
서빙과 주방 설거지 도우미까지 정하고
병원 식당에서 일일찻집을 했다
이날은 폐쇄 병동 환자들만 빼고
모든 환자들이 와서 차린 음식을 먹을 수 있는
기분 좋은 날이다
덩치가 큰 친정오빠 닮은 남자 보호사도 일일찻집에 와
환자들과 어울려 음식을 먹고

우리는 찻집을 끝내고 다시 병동으로 돌아와
돌아올 일일찻집을 생각하며
깊은 평가를 했다

호떡 장사를 한 아저씨가
호떡집에 불났다고 평가를 해
오랜만에 모두 웃었다

정신병동 이야기 11
― 독서

독서가 취미라는 여자가
여성중앙 잡지를 3일째 보고 있다
방정맞게 책장을 넘기며 웃어댄다
독서가 취미인 그녀가
오늘도 여성중앙 잡지를 여전히 본다
그녀가 화장실에 간 사이
내가 몇 페이지 넘겨보다 들켰다
누가 자기 책을 몰래보면
기분 나쁘다며, 재수없단다
잘못했어요? 잘했어요?
잘못했지요?
얼떨결에 잘못했어요 대답했다
웃음이 나오길래 웃었다가
그녀에게 진종일 혼났다

오늘은 독서가 취미인 그녀에게
빌고 또 빌었다

정신병동 이야기 12
— 바람을 느끼는 사내

툭하면 욱하여 화를 못 참는 성질 때문에
정신병원에 들어온 사내는
욱하는 성질 때문에 늘 사고를 쳐
사지가 묶인 채 엠블런스에 실려와
강제 입원을 했다는데
매일 뛰고 걷고 발차기를 하며 운동을 한다
운동하면 온몸으로 바람이 느껴진단다
욱하는 성질 없어질 때까지
병원에 남겠다는 자발적인 그 사내에게서
바람 냄새가 난다
그 바람 냄새에
내 마음이 다 환하다

정신병동 이야기 13
─ 활기체조

개다리 춤까지 춰야 하는
아침 활기체조 시간
무표정의 남녀 둘이 앞에서
에어로빅 강사가 되고
사람들은 그 강사의 동작을 따라
흔들고 돌고 박수치며 체조를 한다
증세가 가장 심한 경미가
활기체조 시간을 가장 좋아라 신이 났다
나는 수녀님과 짝이 되어 돌고 손바닥 치고
엉덩이까지 맞대며 즐거웠는데
음악이 멈추고
환자 중 가장 무표정한 남자 강사의
헤쳐! 소리에
나는 좀 더 춤을 추고 싶은 생각이 간절했다

아쉬운 활기체조!

정신병동 이야기 14
― 엄마

희선이가 면회 온 엄마를 보내고
종일 침대에 엎드려 운다
아침부터 엄마가 온다그 좋아하며
사람들마다 자랑을 하더니
목 놓아 운다
엄마가 뭐길러
진정으로 엄마의 마음이 무엇인지
나도 아이 둘의 엄마인지 다시 되묻게 된다
아이들 앞에서 울지 않고
아이들도 엄마 앞에서 울지 않는
긍정적인 관계를 생각하며
나도 엄마가 되고 싶어
혼자서 목 놓아 울었다

정신병동 이야기 15
― 돌아버린 사람들

사랑에 실연을 당하면
돌아버린다는 옛말이
심리치료를 하면서 동감한다

사랑에 실연을 당하면
그리움에 지쳐 눈이 풀리고
애태우다 심장이 굳어버리고
비릿한 웃음만 남는가

그러나 내 사랑은
끝이 안보여
가슴만 매일 매일 무너져 내린다

정신병동 이야기 16
— 점심시간

툭하면 욱하는 성질 못 이겨
병원에 온 사내가 점심시간에
자기의 점심 먹는 모습을 쳐다봤다고
착한 경미한테 욱했다
경미가 울면서 사과해도
간호사들이 웃으면서 달래도
고장난 브레이크가 되어
식판을 팽개친다
재수 없게 사람 밥 먹는 거 쳐다본다고
말리는 간호사가 더 웃긴다고
간호사한데 덤빈다
이 욱하는 사내가 그동안 잘 참아왔는데
그놈의 욱하는 성질 못 참아
퇴원 날짜가 자꾸 미뤄지는 것 같아
여간 아쉬운 게 아니다

정신병동 이야기 17
― 운동

엄마가 전화를 안 받는다고
밤늦도록 소 울음 울던 선영이가
운동하러 나왔다
한 번도 제대로 인사를 안했는데
내 이름을 어찌 알고 같이 운동하자며
손을 꼭 잡는다
오늘은 머리카락을 아홉 가락으로 나눠 머리를 묶었다
자꾸만 오른손과 오른발이 똑같이 나가고
왼발과 왼손이 같이 나가다 발이 뒤틀리고 하지만
걷는 방법을 알려주고 하나 둘 구호도 외쳐주니
씩씩하게 운동장을 열 바퀴나 돌았다
말할 때나 웃을 때 침을 유독 많이 흘리는
선영이의 입가에 살얼음이 얼고
나한테 자기의 운동 선생님이 되어달라며
꼭 안는다
선영이의 침이 내 옷자락에 묻어
하얗게 성에가 인다
꽃보다 이쁘다

정신병동 이야기 18
— 노래방

식당에 모여

노래방 기계를 틀어놓고

노래 부르는 목요일 노래방 시간

밖에서였다면

얼큰하게 취해서 비틀대며 가던 노래방

식탁 위에 바르게 앉아

희미한 박수를 치며 신청곡을 부른다

각자의 18번 노래가 가슴을 저민다

  욱하던 사내는 김광석의 변해가네를 부르고

  마약으로 온 젊은 총각이 하얀 면사포를

  눈 지그시 감고 부른다

  코요테의 끝없는 사랑을 부르자

  고요하게 박수 소리와 엇박자의 탬버린 소리 들린다

  활기체조 강사는 여전히 무표정으로 조용필의 모나리자를 부르고

  나도 벌쭘하게 나가 동백아가씨를 부르는데

  얼굴이 먼저 빨개지고 목소리가 떨린다

낼모레면 퇴원할 사내는 잃어버린 사랑을 찾아
my love를 열창하고
간호사님은 살랑살랑 춤추며 바람아 멈추어다오
늘 이어폰을 꽂고 등나무 밑에서 담배를 피우던 사내는
비 오는 날의 수채화를 부르고
몇몇은 흔들며 춤추고 소리 지르며 탬버린을 흔든다
귀가 안 들리고 말도 못하는 태수는 삐쳐서
무대 뒤에서 대자로 누워 버렸다
회장님의 찻집의 고독은 압권이다
우울증이 심한 사내는
서성이다 방으로 들어가 버리고
환자들 중 음치로 소문난 도박 도사님의 땡벌로
노래방 시간이 마무리 되었다

정신병동 이야기 19
— 안정실

겨우 반개방 병동에서
개방 병동으로 내려온 미자가
저녁밥 잘 먹고 음악 감상 시간에
도박으로 치료 중인 아저씨와 붙었다
분을 못 이긴 미자는
책을 집어 던지고 장기판을 집어 던지고
눈에 뵈는 것은 죄다 집어 던지고도
마음이 진정 안돼
결국 보호사들한테 끌려가
안정실로 갔다

손바닥을 온통 칼로 긋고 손목도 그어보고
정신과 약 열 봉지를 한입에 털어 넣고
몇 번의 자살기도로 병원에 온 미자가
두고 온 어린 자식들을 걱정하며
서럽게 울었는데
미자의 난동에 가슴이 저렸다

시작도 끝도 없는 가슴 미어지는
우울증에 대하여 나도 한참을 울었다

정신병동 이야기 20
― 자유토론

저녁밥 먹고 7시부터 시작하는 자유토론
간호사의 식당으로 모이라는 방송을 따라
밀물도 아닌 썰물도 아닌 잔잔한 걸음으로
식당에 모여 간호사의 질문에 답하는 시간이다

우울증이 심한 한 사내가 글썽이며
상처의 치료는 용서밖에 없다며
결국 눈물을 못 참고 구석 찾아 웅크리며 숨는다

나는 나의 상처를 되씹고 되씹으며
용서에 대해 생각해본다
용서보다 분노에 사로잡혀 울던 내게
상처는 그만큼 깊었으리라

정신병동 이야기 21
— 욕

한방을 쓰며
내 앞에 있는 수녀님의 레퍼토리는
제가 반말했지요? 묻고
아니요 하면
안정된 표정으로 활짝 웃으며 가슴을 쓸어내리고
반대로 대답하면 욕을 한다
썩을 년! 잡년!
더 화나면 갈코 같은 년!
자신도 모르게 나오는 욕 때문에
장기 입원해 있는 수녀님은
나하고 많이 친해졌는데

고흥반도 조그만 섬에서 태어나
어린 나이 뭍으로 나와
남자한테 여러 번 실연당하고
출소한 재소자를 만나
또 실연당하고 이용당하고
그렇게 수녀 된 수녀님인데

무턱대고 나오는 욕 때문에
묵주와 성경책을 보며
회개하고 반성하고,
미사도 꼬박꼬박 가고

병원에 함께 있는 사람들은
수녀님 욕에 많이 익숙해졌지만
갈보 같은 년 욕을 할 때
더러 따지고 덤비기도 하는데
그런 날은 어김없이
하나님께 편지 쓰는 날이다

수녀님의 욕은 정당하다

정신병동 이야기 22
― 꿀잠

약발이 바닥날 때까지 우리는
침대에 누워 대화를 한다
발음이 안 되고 눈꺼풀이 내려앉고
우리는 서로 중얼거리다 웃다
때론 흐느끼다 잠이 든다
깊은 잠 속으로 빠져들면
꿈꿀 여유도 없이 아침이 되고
자꾸만 감기는 눈을 비비며
잠에 취한 채 국민체조를 한다

정신병동 이야기 23
— 안개

아침안개 짙은 병원 밖
등나무 아래 제비처럼 나란히 앉아
담배를 피운다
지지배배 뻐끔, 지지배배 푸-후
담배연기에 한숨이 섞여
모락모락 안개 속에 묻힌다
안개 속으로 저마다의 가슴앓이가 퍼져나가고
내일이 기약 없는 슬픈 심장들은
슬프게 안개 밑에 가라앉는다
태수는 아침부터 소리 지르고
미자는 악을 쓰며 발버둥치다
안정방에 다시 갇히고
나도 어찌할 바 몰라 한숨만 몰아쉰다

안개는 무서운 전염병이다

정신병동 이야기 24
— 음악치료

치료요법으로 음악치료가 있어
음악실에 가서 노래를 배웠다
윤수일의 '아파트'
강사 선생님이 반복해 노래를 틀어주는데
한없이 유지되는 무표정의 침묵이
나를 다시 숨 가쁘게 한다
강사는 박수를 유도하고
한 소절 한 소절 한 마디 한 마디
정성스럽게 가르쳐주는데
박수소리가 너무 인색하다
40여 분 동안 아파트만 부르다 나왔는데
목도 안 트이고
아파트 노래가 갑자기 싫어졌다
노래방 가서 윤수일의 아파트는
당분간 부르지 못할 것 같다
너무도 심하게 흥을 잃어버린
노래인지라

정신병동 이야기 25
— 강박증

강남 고급 빌라에 살며
남부러울 게 없는 언니가
내 바로 옆 침대로 왔다
낭랑하고 애교스럽기 이루 말할 수 없는데
강박증이란 병을 십 년째 앓고 있단다
언니는
손으로 무엇을 만지든 안 만지든
만졌다고 생각만 들어도
손을 씻고 또 씻는데
20분 남짓 씻는다
손바닥이 벗겨지고 고름이 흐르고
고통스러워
눈이 빨개질 때까지 씻고 또 씻는다
자신의 손이나 발에 누가 물 한 방울 묻히거나
옷깃만 스쳐도
온몸을 부르르 떨며
또다시 손을 닦는다 눈이 뻘게질 때까지

다행인 것은

밥 먹을 때만큼은
식판과 수저를 만지고 밥을 먹을 수 있다는 거다
밥알이 손에 닿아서 강박증세가 발작하면
그 언니는 밥알을 씻을까 손을 씻을까 궁금했는데
천만다행으로 그 언니는 밥에 대해서는
강박증이 없다

오늘도 양치질 하다 옆 사람의 물이
자신의 손에 한 방울 튀었다고
닦아야 되는지 말아야 되는지를 놓고
고민이라며 서럽게 운다
양손을 부르르 떨며 목놓아 운다
손 안 닦는다고 죽지 않는다고
살고 싶으면 한 번만 닦지 말라고 애원했더니
그래야 되겠지 그래야 되겠지 반복하다
병실로 들어갔다
내게 고맙다고 인사하고는
결국 손을 닦고 말았다

정신병동 이야기 26

빈들에 앉아 해바라기 하는데
이유 없이 눈물이 쏟아진다
발원지도 알 수 없는 눈물이
불현듯 솟는다
그동안 쌓은 공이 무너지는 순간이다
벌써 세 번째다
눈물이 흘러 콧물로 이어져
참으로 아프게 울어졌다
처음엔 내가 내 발로 이곳에 왔다고
전처럼 싱싱하게 살아보겠다고
다짐에 다짐을 했는데
더 이상 울 일이 없을 것인데
나는 왜 울고 말았을까
누구를 탓하기엔 내 가슴이 너무
먼 곳에 머물고 있는 것은 아닌지

정신병동 이야기 27
— 퇴원

15년 고참 명선이가 퇴원을 했다
남은 우리는 명선이의 빈자리를 보며
남기고 간 웃음과 화냄과
철없던 모습을 생각하며
조울과 우울을 경험하며 하루를 보냈다
자기도 좋은 남자 만나서 결혼하고
애기도 낳고 싶다며
행복해 하기도 하고
기분 좋으면 누구한테나 사랑해요 하다가
수틀리면 종일 가자미눈을 하고 욕을 하던
명선이를 생각하다 우리 방 식구들은
마지막으로 우울을 앓았다
아무도 명선이의 퇴원을 반기지 못했다
며칠 후면 다시 병원으로 돌아올 것을 서로 알기 때문에

정신병동 이야기 28
— 똥

75살 드신 할머니가
우리 병동으로 오셨다
고운 화장에 분홍색 양털 모자를 쓰고
늘 웃으신다
들리는 말로는 조울증이 심해
폐쇄 병동에서 5개월 있다
우리 병동으로 오셨는데
남의 물건이나 음식을 몰래 갖다 먹는 버릇 때문에
아무도 할머니 곁에 가지 않는다
자신의 파란만장한 삶과
힐러리 여사를 잘 안다며
힐러리 여사도 남편 때문에 우울증을 앓았다며
새로운 것도 없는 얘기를
자랑삼아 박식하게 얘기를 한다
늘 두꺼운 영어책을 들고 다니시던
그 할머니가 오늘은 똥을 싸셨다
변기에 바닥에 똥칠을 하셨다
그래도 고운 화장에 분홍색 털모자를 쓰고

여전히 책을 들고 다니시며
젊은 사람들을 훈계하시는
그 열정에 나는 고개가 숙여진다
누구나
똥을 싸지 않는가
단지 변기 안에 싸느냐 바닥에 싸느냐의
그 부질없는 고정관념어
깔깔거리는 사람들이 참 미웠다
한동안 똥 싼 할머니라고 놀리겠지
똥 싼 일은 밖이나 병원 안이나 늘 놀림감이어서
나 혼자 불안해 하는데
사람들은 다시 자신의 증세로 돌아가
먼지처럼 병동을 부유하고 있다

정신병동 이야기 29
— 보호사

하루에 두 번 닭장이 열리면
닭들이 우르르 밖으로 나와 산책을 한다
보호사의 보호 아래
가끔씩 사나운 수탉들이 막무가내로 덤벼들거나
알을 품고 둥지 틀고 있는 암탉들처럼
부리를 세우며 소리를 지른다
뵈는 게 없는 듯 욕을 하며 멱살을 잡고
얼굴에 침을 뱉고 발길질을 한다
그럴 때면 119구급대원이 되어
그 상황을 빠르게 수습한다 인상 한 번 안 쓰고
무리를 벗어나면 이쪽으로 몰고
뒷걸음치다 서성대면 뒤에서 다시 우리로 몬다
끝내는 모든 닭들이
종종걸음으로 우리 안으로 들어간다
그래도 보호사는 불안하다
낮이나 밤이나 늘 불안하다

정신병동 이야기 30
― 수미

반개방 병동에서 우리 병동으로 들어온 수미가
이슬비 내리는 소리보다 작은 숨소리를 내며
15시간 넘게 잠을 잔다
원래 잠이 많은가 싶어 여러 번 흔들어 깨워도
눈도 안 뜨고 밥도 안 먹는다
무슨 병이 수미를 저 깊은 잠 속으로 빠져들게 했는지
약에 취해 죽은 듯 누워 있어도
원래 그랬다는 듯
아무도 걱정을 안한다
모두가 저마다의 아픔이 심해
수미를 걱정할 만한 사람들이 턱없이 부족하다

말도 어눌하여 자기 표현도 하기 어려운 것 같은데
엊그제 밤 노러방 시간에
수미는 멋진 춤을 추었다
신나는 노래만 나오면
다양한 춤사위로 밤무대를 빛낸다
원래 노래는 안하고 춤만 춘다고

사람들이 낄낄대며 웃는다

저녁밥 먹을 시간이 다가오는데
하루 종일 굶은 수미가
잠에서 못 깨어날까 조바심 난다
수미야! 저녁은 먹어야지
밤에만 훨훨 나는 불나비 되지 말고

정신병동 이야기 31
— 퇴원

정신병원에 오는 사람들
심성이나 기질이 제각각이어서
찾아오는 병의 심각성도 제각각이다

하나님한테 저주받았다며
눈이 반쯤 돌아간 아줌마가 병실로 와서는
나의 무종교를 탓하고
알아들을 수 없는 설교를 한다
하나님이 자기를 버렸다며
그 하나님한테 원수를 갚기 위에
천주교로 개종했다며 두 팔을 올리며
기도를 한다
이분은 치료가 불가능하거나
오래 걸릴 것 같고
폐쇄 병동과 개방 병동을
끊임없이 드나드는 일이 잦아지리라

내일 퇴원인 것이 다행이다
저주받은 눈빛이 너무 섬뜩하다
나도 저주받을 것만 같다

정신병동 이야기 32
— 피해망상

재혼하는 사람한테 시집가서
애 못 낳는다고 구박받고
미련하다고 밥 많이 먹는다고
매까지 맞으며 살았다는 젊은 새댁이
병원에 왔다
몸이 비대해서 운동을 열심히 하라는
주치의 말도 안 듣고
밥만 많이 먹는다
잠드는 순간까지 땅이 꺼질 듯한 한숨이
병실 가득 퍼진다
남편이 밥 많이 먹는 벌레라며
늘 자신의 밥에다 쥐약과 농약을 타서
죽이려고 한다며 부르르 떤다
오늘은 퇴원을 하겠다며 짐을 싼다
가족이 와야 퇴원할 수 있다는
주치의의 말을 듣지도 않고
막무가내로 소리 지른다
악을 쓰며 운다

남편이 2층집 여자랑 바람이 나서
당장 여자를 잡으러 가야 한다며
머리끄덩이 잡아 패대기를 쳐야
남편이 자신을 찾아온다며
의사랑 한 시간째 다투고 있다

쥐약과 농약과 2층집 여자와 애도 없이 산
결혼 10년의 세월에 대해 나는
비명이라도 지르고 싶었다

■ 발문

길에서 만나는 사람

김성만

　나도 한때 시인을 꿈꾸었다.
　그와 난 인천노동자문학회라는 작은 울타리에 잠시 머물렀다.
　추억 같은 것이 뒤란에 있고 그래서인지 난 그의 시에 여러 노래를 붙였다.
　비정규직과 어깨를 건 음반에 있는 「이팝꽃」과 내 음반에 있는 「칡꽃」 「공공근로」 「언덕 위에 그 방」 등. 특히 해고자의 아픔을 노래한 「검지에 핀 꽃」은 거리로 쫓겨나 1500일을 넘게 싸우고 있는 재능교육 노동자들이 가장 좋아하는 노래 중의 하나이다.

　인천노동자문학회가 해산된 뒤 우리는 가끔 길에서 만난다. 거리로 쫓겨난 사람들과 함께 서기 위하여 시인과 노래꾼 춤꾼으로 시린 바람을 같이 느낀다.

공장에서 쫓겨난 유성기업 입구 굴다리 밑에 섰었고, 지엠대우 비정규직 철탑 아래에 몇 번이고 함께 오르다 미끄러지기도 했었다.
 가장 최근엔 현대자동차 비정규직 노동자들이 상경 투쟁하는 눈보라치는 양재동 본사 앞에서, 그리고 두 번씩이나 정리해고 당한 시그네틱스 여성 노동자들과 함께 거리에 섰었다.

 길에 서서 시인이 바라보는 눈높이와 정리해고 당해서 비정규직으로 쫓겨나 세상을 바라보는 눈높이가 서로 같다. 지르는 악다구니도 서로 같다. 함께 가야 된다는 것이다. 겨울바람을 함께 맞받으며 이겨야 한다는 것이다.

 그가 지엠대우 비정규직 해고자들과 함께하면서 촛탑 밑에서 낭송했던 「연대를 위한 연가」를 나는 좋아한다.

　　연대를 위한 연가

　　1. 밥줄

　　모든 생명과 인간을
　　인간답게 만드는 그것
　　그것이 밥줄이다
　　그런데 여기 화려한 도시 한복판에
　　밥줄을 쥐고
　　사람의 밥줄을 끊고
　　목숨 줄을 손아귀어 쥐고
　　허허 웃어대는 사람들이 있다

2. 낫

농부인 울 아버지
가을볕 무논에서 누우런 벼포기
베던 낫
논두렁에서
황소에게 줄 풀을 벨 때나 빛나던 낫
한겨울 뒷산에 올라
청솔가지 뚝뚝 잘라
아궁이에 불 지피기 위해 쓰이던
그 조선의 낫이
오늘 우리 동지들의 밥줄을 끊으려
춤을 추는구나
망나니가 되어 칼춤을 추어대는구나
한겨울 꽁꽁 얼어붙은 동지들의
밥줄을 끝내 끊으려는구나

3. 밧줄

허나, 밧줄은
비닐봉지에 한주먹의 밥을 담아
위태롭게 위태롭게 허공에 매달리며
올라가는 줄이 아니다
허나 밧줄은,
겨우 언 살을 녹이는 옷가지나 올리라고
있는 것이 결코 아니다

밧줄은, 밧줄은
적들의 목을 졸라
만천하에 비웃음거리가 되게 해야 하는
동아줄이어야 하고
적들을 줄줄이 묶어내는 오랏줄이 되어야 하고
끝내 적들의 마지막 숨통이 멎을 때까지
우리가 쥐고 있어야 하는
연대의 끈이다

4. 촛불

우리가 조금씩 조금씩 살려내는 작은 불씨
손과 가슴을 녹여주는 환한 촛불을
밝히고 있는 지금,

저 동지들은 어지러울 것이다
허기와 배고픔과 추위에 현기증이 일 것이다

속이 울렁거리고 쓰릴 것이다
긴 세월 얹힌 체기가 가시지 않아
명치께가 무거울 것이다

눈물이 흐를 것이다
매일 매일 피눈물이 흐를 것이다

때론 이유도 없이
목울대가 막힐 것이다

똥구멍도 막히고 귀도 막히고
오줌발도 서지 않을 것이다

주저앉아 어머니 아버지도 부를 것이다

그러나, 그래도,
여전히 두 팔을 들어 구호를 외친다
때와 추위에 전 면장갑이
부끄러운 우리를 움직이고
주눅 든 사람들의 이름을 불러준다
3년을 넘게 온몸을 지켜준
때 묻은 작업복이
매일 밤 어둠을 밝힌다
자신을 태워 남아 있는 우리를 불태운다
때론 빨치산처럼
때론 어디선가 본 체 게바라의 고뇌에 찬 모습으로
다가와
수백 명의 노동자의 얼굴로
우리한테 다가와 뜨거운 몸짓을 한다

그래, 지금
촛불을 꺼버려라
촛불로는 결코
죽어가는 동지들을 살릴 수 없다
촛불을 끄고 다시 화톳불을 지펴야 한다
요동치는 가슴으로 분노와
아픔과 희망을 노래할 때다

그리하여
동지들이 다시 녹슨 기계 앞에 서고
다시 두 손에
면장갑을 갈아 끼며 손아귀에 힘 모아 웃을 때까지
꽁꽁 얼었던 언 몸에 새살이 돋을 때까지
더 뜨거운 가슴의 불을 지펴야 한다
그래야 동지들이 살그 적들이 죽는다.

 언제나 정리해고로 비정규직으로 쫓겨 거리에 눌러앉은 사람들 속 천막 홑겹으로 가는 것이 조혜영 시인의 발걸음이며 조혜영의 시다.
 멀리 지나온 듯한데 여전히 한 치도 벗어나 있지 않고 길에 서 있는 사람.

 난 노래와 작사 작곡을 하는 사람으로서 시인이 시를 쓰면 열 곡 스무 곡 노래를 다는 것은 가능한데, 시인의 시집에 뭘 쓰려니 참 곤혹스럽다. 뭐라 예쁘게 포장도 못하겠고, 시를 평하는 건 더더욱 어렵다.

 예쁜 시집이 나오면 노래로 선물하리니 다시 길에서 만나 함께 갑시다 .

金成萬 | 민중 가수